BEI GRIN MACHT SICH IHR WISSEN BEZAHLT

AF125612

- Wir veröffentlichen Ihre Hausarbeit, Bachelor- und Masterarbeit

- Ihr eigenes eBook und Buch - weltweit in allen wichtigen Shops

- Verdienen Sie an jedem Verkauf

Jetzt bei www.GRIN.com hochladen und kostenlos publizieren

Pierre Th. Braunschweig

Der "lästige" Fall Wallenberg: Verschwunden im Archipel Gulag

Realpolitik auf Kosten der Menschlichkeit

GRIN Verlag

Bibliografische Information der Deutschen Nationalbibliothek:

Die Deutsche Bibliothek verzeichnet diese Publikation in der Deutschen National-
bibliografie; detaillierte bibliografische Daten sind im Internet über http://dnb.d-
nb.de/ abrufbar.

Impressum:

Copyright © 2012 GRIN Verlag GmbH
Druck und Bindung: Books on Demand GmbH, Norderstedt Germany
ISBN: 978-3-656-26770-6

Dieses Buch bei GRIN:

http://www.grin.com/de/e-book/199901/der-laestige-fall-wallenberg-verschwunden-
im-archipel-gulag

GRIN - Your knowledge has value

Der GRIN Verlag publiziert seit 1998 wissenschaftliche Arbeiten von Studenten, Hochschullehrern und anderen Akademikern als eBook und gedrucktes Buch. Die Verlagswebsite www.grin.com ist die ideale Plattform zur Veröffentlichung von Hausarbeiten, Abschlussarbeiten, wissenschaftlichen Aufsätzen, Dissertationen und Fachbüchern.

Besuchen Sie uns im Internet:

http://www.grin.com/

http://www.facebook.com/grincom

http://www.twitter.com/grin_com

Pierre Th. Braunschweig

Der «lästige» Fall Wallenberg:
Verschwunden im Archipel Gulag

Realpolitik auf Kosten der Menschlichkeit

Die Affäre um das Verschwinden des schwedischen Diplomaten Raoul Wallenberg ist bis heute nicht geklärt. Die Geschichte wirft ein unrühmliches Licht auf die schwedische Aussenpolitik in den Nachkriegsjahren. Wallenberg hatte im Zweiten Weltkrieg Zehntausenden von ungarischen Juden Schutzpässe ausgestellt und sie damit vor dem Zugriff der Nazis bewahrt. Raoul Wallenberg starb in sowjetischer Gefangenschaft, aber Moskau blieb bis heute eine klare Auskunft über Wallenbergs Schicksal schuldig.

Am 4. August 2012 jährte sich zum hundertsten Mal der Geburtstag von Raoul Wallenberg, der Zehntausende ungarischer Juden vor dem Tod in Auschwitz gerettet hatte. Wallenberg entstammte einer berühmten schwedischen Bankiers- und Unternehmerfamilie. Seine Nichte ist heute mit Kofi Annan verheiratet.

Dank seiner einflussreichen Familie, einer der reichsten Schwedens, wurde Wallenberg mit 32 Jahren 1944 als erster Sekretär der schwedischen Gesandtschaft in Budapest zugeteilt. Hier setzte er sich für die Rettung verfolgter Juden ein. Dabei wurde er auch vom amerikanischen *War Refugee Board*[1] unterstützt. Die schwedische Regierung hatte ihm eine Liste mit rund 800 ungarischen Personen mit Beziehungen zu Schweden mitgegeben, deren Aufnahme Schweden garantierte. Wallenberg verteilte unter dem Schutz seines diplomatischen Status sogenannte schwedische Schutzpässe. Diese Dokumente identifizierten die Inhaber als schwedische Staatsbürger, die ihre sichere Repatriierung erwarteten. Ähnliche Dokumente wurden auch von der Schweiz und dem Vatikan ausgestellt. Wallenberg bemühte sich nach der Eroberung von Budapest durch die Rote Armee im Januar 1945 weiterhin für seine Schützlinge. Deshalb wollte er den sowjetischen Kommandanten treffen. Auf dem Weg nach Debrecen wurde Wallenberg jedoch von den Russen festgenommen und nach Moskau verschleppt.

---

[1] Der *War Refugee Board* war eine unter Präsident Franklin D. Roosevelt im Januar 1944 eingerichtete interministerielle US-Regierungsdienststelle, die Opfern der NS-Diktatur, insbesondere jüdischen Flüchtlingen, weltweit helfen sollte. Finanz-, Innen- und Kriegsministerium waren darin vertreten und beteiligt. Seine Errichtung kann als Folge der Interalliierten Erklärung gegen die Vernichtung der Juden Europas vom Dezember 1942 und den Kenntnissen der Alliierten darüber gesehen werden. Der *War Refugee Board*, Komitee für Kriegsflüchtlinge, unterhielt Filialen in der Türkei, Schweiz, Schweden, Portugal, Großbritannien, Italien und in Nordafrika.

Was danach genau mit Raoul Wallenberg geschah, ist bis heute unge-
klärt.[2] Im März 2003 veröffentlichte eine unabhängige schwedische
Kommission unter Ingemar Eliasson ihre Forschungsergebnisse.[3] Der
über 700seitige Bericht belegt, dass Schwedens Regierung sich am
Schicksal des verschleppten Wallenberg ziemlich uninteressiert zeigte
und nur widerwillig versuchte, Wallenberg aus sowjetischer Haft zu be-
freien. Auch wenn weiterhin viele Fragen unbeantwortet bleiben, steht
heute so viel fest: Russland hielt die Wahrheit über Wallenberg hartnäckig geheim, und Schwedens Haltung machte es der russischen Führung
leicht, Nachforschungen abzuwiegeln. Merkwürdig mutet an, wie unge-
rührt sich anscheinend der einflussreiche Wallenberg-Clan am Schicksal
seines Verwandten zeigte. Nur Eltern und Geschwister setzten sich un-
ermüdlich ein, vermochten aber gegen die Gleichgültigkeit der offiziellen
Stellen nicht anzukommen. So ist der Fall Wallenberg ungelöst geblie-
ben.

Im Lubyanka-Gefängnis

Am 16. Januar 1945 informierte das sowjetische Aussenministerium den
schwedischen Gesandten in Moskau, Staffan Söderblom, Wallenberg ste-
he unter «sowjetischem Schutz». In Stockholm wurden Wallenbergs
Mutter Maj und sein Stiefvater Fredrik von Dardel verständlicherweise
unruhig. Im Februar 1945 sprach die Mutter bei der sowjetischen Bot-
schafterin in Stockholm vor, die sie beruhigte: Raoul Wallenberg sei in
Russland in Sicherheit. Kurz darauf erhielt die Frau des schwedischen
Aussenministers denselben Bescheid, mit dem Zusatz, es wäre besser,
nicht allzu viel Aufhebens um diese Angelegenheit zu machen, Wallenberg werde schon zurückkehren. Am 15. März 1945 verbreitete der von
den Sowjets kontrollierte ungarische Sender Kossuth die Nachricht, Wallenberg sei auf dem Weg nach Debrecen von «Agenten der Gestapo» ermordet worden. Zwei Tage später beauftragte das schwedische Aussenministerium seinen Gesandten in Moskau, sich bei den sowjetischen Behörden nach Wallenbergs Verbleib zu erkundigen.

Wie wir heute wissen, wurde im Laufe des 17. Januars 1945 Wallenberg
mit seinem Chauffeur Vilmos Langfelder irgendwo ausserhalb Budapests

---

[2] Der Text stützt sich neben eigener Forschung besonders auf: Susanne Berger, *Stuck
in Neutral: The reasons behind Sweden's passivity in the Raoul Wallenberg case*
(Arlington, 2004); Danny Smith, *Raoul Wallenberg: Der Mann, der 100 000 Juden
rettete* (Giessen, 2012)
[3] *Ett diplomatiskt misslyckande: Fallet Raoul Wallenberg och den svenska
utrikesledningen*. Kommissionen om den svenska utrikesledningens agerande i fallet
Raoul Wallenberg (Stockholm, 2003)

Agenten der *Smersch*[4] übergeben. Das war die sowjetische Abteilung für Spionageabwehr innerhalb des Geheimdienstes NKWD, aus dem später der KGB werden sollte (heute «FSB»). Der Studebaker, das Geld und die übrigen Wertsachen, die Wallenberg mit sich führte, wurden beschlagnahmt. (1989 wurden unter Gorbatschow der Familie Wallenbergs Pass, Führerschein, Zigarettenetui, Terminkalender und seine Registrierkarte in der Lubyanka ausgehändigt.) Der NKWD brachte Wallenberg und Langfelder per Bahn über Rumänien nach Moskau. Man erklärte ihnen, sie befänden sich nicht in Haft, sondern in Schutzgewahrsam. Für die beiden Schweden wurde sogar eine kleine Stadtrundfahrt durch Moskau organisiert, an deren Ende sie am Dzershinski-Platz ankamen. Dort befand sich das berüchtigte Lubyanka-Gefängnis des NKWD. Die Lubyanka war die Erfassungsstelle für alle politischen Gefangenen in der Sowjetunion. Hier wurden Wallenberg und Langfelder getrennt. Wallenberg kam in die Zelle 123. Einer seiner beiden Zellengenossen war SS-Hauptsturmführer Gustav Richter, der Vertreter Eichmanns in Bukarest. Trotz der gegensätzlichen Rollen im Krieg wurden die drei Inhaftierten angesichts des gemeinsamen Feindes bald Vertraute. Richter kam 1955 frei und wurde in Deutschland 1982 zu vier Jahren Haft verurteilt wegen seiner Rolle bei Judendeportationen. Wallenberg hingegen erwartete ein anderes Schicksal.

Wallenbergs erstes Verhör durch den NKWD fand am 8. Februar 1945 statt. Wie er seinen Zellengenossen berichtete, warf man ihm Spionage vor. Im März 1945 wurde Wallenberg in eine andere Zelle verlegt und von dort Ende Mai 1945 ins Moskauer Lefortowo-Gefängnis überstellt, das ebenfalls vom Geheimdienst betrieben wurde.[5] Raoul Wallenberg kam in die Zelle 151. Bald hatte er heraus, wie die Gefangenen mittels Klopfzeichen untereinander kommunizierten, und beteiligte sich selber sehr aktiv, oft in deutscher Sprache. Bald wurde Wallenberg in den 4. Stock verlegt, den sogenannten «Diplomaten-Flügel» des Lefortowo-Gefängnisses. Einer der Mithäftlinge sagte später aus: «Wallenberg war

---

[4] Der militärische Nachrichtendienst *Smersch* (von SMERt SCHpionam, für «Tod den Spionen») wurde am 19. April 1943 vom NKWD gegründet. Er diente vornehmlich der Spionageabwehr, um «Verräter, Deserteure, Spione und kriminelle Elemente» dingfest zu machen. Grundsätzlich wurden auch kriegsgefangene sowjetische Soldaten, die in ihr Heimatland fliehen konnten, als Verräter und Deserteure angesehen und entsprechend verfolgt. Smersch-Abteilungen gab es in der sowjetischen Armee, der Flotte und dem NKWD selbst. Vorsitzender war Viktor Abakumow, der direkt Stalin unterstellt war. Im März 1946 wurde Smersch dem Volkskommissariat der Streitkräfte unterstellt, das später unter die Kontrolle des Verteidigungsministeriums kam und im Mai 1946 aufgelöst wurde.

[5] Hier sass übrigens später auch der jugendliche deutsche Privatpilot Mathias Rust ein, der 1987 mit seiner Cessna unweit des Roten Platzes gelandet war und die sowjetische Luftabwehr blossstellte, was zu umfangreichen Säuberungen in der Armee führte.

ein sehr eifriger Klopfer. Er klopfte in perfektem Deutsch. Wenn er mit uns sprechen wollte, dann klopfte er immer fünfmal hintereinander, bevor er anfing.» Dank dieser Kommunikation mit seinen Mithäftlingen wurden die näheren Umstände von Langfelders und Wallenbergs Verhaftung sehr viel später im Westen bekannt.

Hilfe der USA abgelehnt

Wallenberg mag 1945 noch zuversichtlich gewesen sein, schliesslich frei gelassen zu werden. Doch Schweden sabotierte geradezu jede Aussicht darauf. Eine verhängnisvolle Rolle spielte dabei der schwedische Gesandte Staffan Söderblom[6]. Am 10. April 1945 anerbot sich der amerikanische Botschafter in Moskau, Averell Harriman, ihm bei den Nachforschungen nach dem Verbleib Wallenbergs zu helfen. Der nachmalige Gouverneur von New York verfügte über hervorragende Kontakte in der Sowjetunion.[7] Ohne Rücksprache mit Stockholm wies Söderblom jedoch das Angebot Harrimans zurück. (Das wurde erst 1980 im Zuge von Aktenveröffentlichungen bekannt.) Am 14. April 1945 telegrafierte Söderblom nach Stockholm, Wallenberg sei «wahrscheinlich getötet» worden, es gebe wenig Aussicht, diese Angelegenheit jemals zu klären. Der schwedische Diplomat schloss sich damit der offiziellen Haltung der sowjetischen Regierung an. Als die führende Stockholmer Tageszeitung *Dagens Nyheter* und kurz darauf auch die *New York Times* ausführlich über den Fall Wallenberg berichteten, beauftragte Stockholm erneut Söderblom, bei den sowjetischen Behörden vorzusprechen. Doch Söderblom zeigte wenig Interesse und schon gar keinen Eifer, dem Verbleib Wallenbergs nachzugehen. Dabei wusste er sich durchaus im Einklang mit der Haltung der schwedischen Regierung.

Im Sommer 1946 schrieb Wallenberg in französischer Sprache an Stalin (durch das Klopfzeichensystem wurden die Einzelheiten den Mithäftlingen im Lefortowo-Gefängnis bekannt). Eine Antwort erhielt er natürlich nicht, hingegen wurde er erneut mehrfach verhört. Im Juni 1946 war Raoul Wallenberg schon sechzehn Monate in Gefangenschaft. Falls er darauf zählte, Schweden lasse nichts unversucht, täuschte er sich gewaltig.

---

[6] Der schwedische Diplomat Staffan Söderblom (1900–1985) war seit 1943 Gesandter in Moskau. Nach dem Zweiten Weltkrieg wurde er nach Bern und Peking entsandt.
[7] W. Averell Harriman (1891–1986), amerikanischer Diplomat und Geschäftsmann, war in dritter Ehe mit Pamela Beryl Digby, der früheren Ehefrau von Winston Churchills Sohn Randolph verheiratet. Harriman war ab 1943 amerikanischer Botschafter in der Sowjetunion und 1946 Botschafter in Großbritannien. US-Präsident Harry S. Truman ernannte ihn zum Handelsminister. 1954–1958 war er Gouverneur des Staates New York. Harriman war u.a. Besitzer der *Union Pacific Railroad* (UP), der größten Eisenbahngesellschaft in den USA.

In nächster Nähe zu seiner Zelle im Lefortowo-Gefängnis fand am 15. Juni 1946 ein Treffen statt, das Wallenbergs Schicksal besiegeln sollte. Stalin empfing hier den Gesandten Söderblom zu einem persönlichen Gespräch, in dessen Verlauf Söderblom auch Wallenbergs Verschwinden erwähnte. Söderblom buchstabierte den Namen, und Stalin schrieb ihn auf einen Block, der auf seinem Schreibtisch lag. Ohne irgendwelche Veranlassung meinte Söderblom zu Stalin: «Ich persönlich glaube, dass Wallenberg in Budapest umgekommen ist.» Er schlug Stalin vor, durch eine offizielle Erklärung klarzustellen, dass die Nachforschungen keinen weiteren Hinweis auf das Schicksal des verschwundenen Diplomaten ergeben hätten. «Das wäre in Ihrem [also Stalins] eigenen Interesse», erklärte Söderblom, «denn es gibt Leute, die ohne Erklärung die falschen Schlüsse zögen.» Stalin versicherte dem schwedischen Gesandten, er werde sich persönlich der Sache annehmen. Drei Monate später wurde die schwedische Regierung von Moskau aufgefordert, ihre Erkundigungen einzustellen, der Fall Wallenberg sei abgeschlossen.

Nicht an einem Austausch interessiert

Im Verhalten des Gesandten Söderblom widerspiegelt sich wohl, dass Schwedens Diplomaten Wallenberg nie als einen der Ihren betrachteten, ihm sein eigenwilliges, unkonventionelles Vorgehen in Budapest eher übelnahmen und überhaupt Wallenberg als lästigen Querulanten empfanden, der wichtigere Ziele der schwedischen Aussenpolitik höchstens behinderte — nämlich gute Beziehungen mit der mächtigen Sowjetunion aufzubauen. In Moskau hatte man nicht vergessen, dass das neutrale Schweden Hitler-Deutschland erlaubte, kriegswichtige Erzlieferungen und deutsche Truppen durchs Land zu transportieren. Eilfertig lieferte Schweden deshalb auch 1945/46 geflüchtete Wehrmachtsangehörige an die Sowjetunion aus (die berüchtigte «Baltenauslieferung»).[8]

Am Rande bemerkt, bekleckerte sich auch die neutrale Schweiz nicht eben mit Ruhm, als sie 1945/46 9. 000 internierte sowjetische Armeeangehörige, teils gegen deren Willen, an die Sowjetunion auslieferte. Das

---

[8] Die als *Baltenauslieferung* bezeichnete Auslieferung internierter Wehrmachtsangehöriger durch Schweden erfolgte von November 1945 bis Januar 1946. In Schweden befanden sich etwa 3.000 internierte Angehörige der deutschen Streitkräfte, von denen durch Schweden etwa 2.520 an die Sowjetunion und 50 an Polen ausgeliefert wurden. Rund 310 Mann wurden an die britischen Besatzungsbehörden in Deutschland übergeben. 80 Mann entzogen sich der Auslieferung durch Selbstverstümmelung und wurden nach weiterer Internierung an zivile Behörden übergeben, einige wenige flüchteten.

war eine Vorbedingung für die Aufnahme diplomatischer Beziehungen zwischen Bern und Moskau. Realpolitik auf Kosten der Menschlichkeit.[9]

In diesem politischen Klima betrachtete Schweden den Fall Wallenberg daher höchstens als lästiges Problem der Aussenpolitik und nie als prinzipielle Menschenrechtsfrage. Deshalb verzichtete Stockholm bewusst, den schwedischen Uno-Generalsekretär Dag Hammarskjöld stärker einzubinden. Von dieser Haltung rückte Schweden auch in den folgenden Jahren nicht ab. 1963 wurde der schwedische Luftwaffenoberst Stig Wennerström als Spion des sowjetischen Militärgeheimdienstes GRU enttarnt[10], und Moskau sondierte wegen einer Auslieferung. Noch einmal hätte sich Gelegenheit geboten, im Gegenzug Wallenberg zu verlangen. Doch wiederum weigerte sich das schwedische Aussenministerium, überhaupt darüber zu diskutieren. Noch deutlicher wurde Stockholms Desinteresse am Fall Wallenberg im folgenden Jahr: 1964 besuchte Chruschtschow Schweden. Das Aussenministerium signalisierte Moskau im Vorfeld, es könnte sich unter dem Druck der öffentlichen Meinung gezwungen sehen, «Wallenberg» erneut anzusprechen, man würde sich jedoch mit einer ausweichenden russischen Antwort begnügen. Als 1981 ein sowjetisches U-Boot vor der südschwedischen Marinebasis Karlskrona auf Grund lief,[11] weigerte sich die schwedische Regierung wiede-

---

[9] Als der Autor Mitte der 1980er Jahren einer sowjetischen Historiker-Delegation im Bundeshaus Bern die Frage stellte, was mit den 1945 aus der Schweiz zurückgeführten Internierten anschliessend passierte (das Gerücht hielt sich hartnäckig, sie seien geradewegs nach Sibirien verfrachtet worden), kam es unter den sowjetischen Abgesandten zu einem erregten Wortwechsel, wobei wiederholt das Wort «Provokation» fiel. Schliesslich antwortete der Delegationschef sibyllinisch: Wer überlebte, sei am Ende nach Hause gekommen...

[10] Stig Wennerström war als Oberst der schwedischen Luftwaffe in Spionagetätigkeiten mit Deutschland während des Zweiten Weltkrieges verwickelt. Sowjetische Agenten fanden dies heraus und konfrontierten ihn mit ihrem Wissen. Sie setzten ihn unter Druck, nach Ende des Krieges für sie Informationen zu beschaffen. Von da ab führte der Militärgeheimdienst GRU Wennerström als Spion. In seiner Funktion als Offizier und später als Diplomat verschaffte er sich Informationen über die Luftverteidigung seines Landes und gab sie an seine sowjetischen Führungsoffiziere weiter. Dies umfasste auch die Baupläne für das Kampfflugzeug Draken. 1963 wurde er enttarnt, als seine Putzfrau auf dem Estrich seines Hauses eine verdächtige Filmrolle entdeckte. Er wurde wegen Landesverrats zu lebenslanger Haft verurteilt, kam aber bereits 1974 wieder frei, führte jedoch ein Leben am Rande der Gesellschaft und wurde als Verräter geächtet.

[11] Die schwedische U-Boot-Affäre umfasste in den 1980er-Jahren eine Reihe von Ereignissen in der Spätphase des Kalten Krieges. Angeblich — unwiderlegbare Beweise konnten nicht erbracht werden, was zu Gerüchten Anlass gab — versuchten sowjetische U-Boote wiederholt, die Neutralität Schwedens zu verletzen. Zwischen 1981 und 1990 drangen mehrfach unbekannte U-Boote in schwedische Gewässer ein. Die Krise nahm ihren Anfang, als das sowjetische U-Boot U 137 am 27. Oktober 1981 vor Südschweden, 30 km vor der Marinebasis Karlskrona, auf Grund lief und entdeckt

rum, den Vorfall als Druckmittel im Fall Wallenberg zu nutzen. In einer Analyse zuhanden der Eliasson-Kommission erklärt Magnus Petersson (ein schwedischer sicherheitspolitischer Experte) das Verhalten Stockholms im Fall Wallenberg mit der verbreiteten anti-amerikanischen Einstellung bei schwedischen Politikern, was für Forderungen Moskaus ein gewisses Wohlwollen erzeugte.

Söderbloms mutwillige Äusserungen Stalin gegenüber hatten für Wallenberg und seine Mithäftlinge schwerwiegende Konsequenzen. Im Juli 1947 wurden im Lefortowo-Gefängnis umfangreiche Verhöre durchgeführt. Jeder, der zugab, von Wallenberg gehört zu haben, wurde für lange Monate in Einzelhaft gesetzt und von den übrigen Mitgefangenen abgeschirmt. Am 18. August 1947 liess der Vize-Aussenminister Andrej Wyschinski offiziell auf Schwedens Anfrage mitteilen: «Wallenberg ist nicht in der Sowjetunion, und er ist uns unbekannt.» Die diplomatische Note schloss mit der geheuchelten Annahme, der verschwundene schwedische Diplomat sei während der Kämpfe in Ungarn gefallen oder von den Truppen des ungarischen Generals Szálasi verhaftet worden. Bei dieser Lüge sollten die Sowjets die nächsten zehn Jahre bleiben. In Stockholms Amtsstuben regte sich kein Widerspruch.

Im Juni 1946 war der frühere schwedische Auslandskorrespondent in Berlin, Edward af Sandeberg, aus sowjetischer Gefangenschaft nach Stockholm zurückgekehrt und hatte im Aussenministerium erzählt, wie er im Gefängnis einen Rumänen und einen Deutschen angetroffen habe, die ihm Beide von der Begegnung mit einem schwedischen Diplomaten namens Wallenberg erzählt hatten. Sandeberg hatte keine Ahnung, wie brisant seine Information war. Das Aussenministerium aber unternahm keinen Versuch, der Sache nachzugehen. Erst zehn Jahre später tauchte der Deutsche wieder im Westen auf, der Sandeberg von Wallenberg berichtet hatte: Erhard Hille wurde 1953 aus sowjetischer Haft entlassen und schilderte im Juli 1954 dem Schweden Rudolph Philipp in Berlin von seiner persönlichen Begegnung mit Wallenberg. Philipp war im Auftrag der Familie Wallenberg auf der Suche nach dem Schicksal des Verschleppten.

Die zunehmende Sensibilisierung der schwedischen Öffentlichkeit veranlasste schliesslich den schwedischen Aussenminister Östen Undén, mit dem Wallenberg-Bürgerkomitee zusammenzutreffen. Als ihm wiederholt

---

wurde. Diese Meldung dominierte lange Zeit die Medien in Schweden. Es entstand der Eindruck, während Premierminister Olof Palme mit der Sowjetunion über Möglichkeiten der Entspannung verhandle, diese die schwedischen Grenzen nach Belieben verletze. Der Anteil der Schweden, die sich direkt durch die Sowjetunion bedroht fühlten, wuchs in diesen Jahren in Umfragen von 7 % auf 45 %.

kritische Fragen zur Wyschinski-Note gestellt wurden, reagierte er gereizt, ob man denn Wyschinski für einen Lügner halte. Wyschinski hatte bei Stalins Schauprozessen 1936–1938 als Chefankläger eine widerliche Rolle gespielt und sich dabei aufgeführt wie später Roland Freisler vom Volksgerichtshof der Nationalsozialisten.[12] Dennoch weigerte sich Undén, an den Angaben aus Moskau zu zweifeln. Undén konnte in andern Fällen durchaus sowjetischen Forderungen lautstark entgegentreten, doch der Fall Wallenberg schien es nicht wert, deswegen russische Empfindlichkeiten zu schüren.

Das erfolgreiche Beispiel der Schweiz

Falls die Sowjets tatsächlich Wallenberg für einen Spion hielten, muss das penetrante Desinteresse der schwedischen Behörden am Schicksal ihres Diplomaten geradezu als Bestätigung gewirkt haben. Paradoxerweise scheint Moskau anfänglich sogar an einem möglichen Austausch interessiert gewesen zu sein, wie das mit andern Staaten praktiziert worden war. Schon 1946 hatte der Schweizer Bundesrat erfolgreich über den Austausch eines Schweizerbürgers verhandelt: Der Berner Harald Feller[13] hatte als Diplomat mit Konsul Lutz in Budapest ebenfalls Schutzpässe für bedrohte Juden ausgestellt und war auch von den Sowjets nach Moskau

---

[12] Andrei Januarjewitsch Wyschinski (1883–1954) war Generalstaatsanwalt der Sowjetunion und von 1949 bis 1953 sowjetischer Außenminister. Seine Auftritte bei den politischen Prozessen waren durch rhetorisches Können und gleichzeitige Grobheit und Beleidigungen gegenüber den Angeklagten gekennzeichnet. Während der Moskauer Prozesse 1936 bis 1938 war er Chefankläger und damit ein wesentlicher juristischer Handlanger der stalinschen Säuberungen. Er vertrat auch später den Grundsatz, Recht sei Ausdruck des Willens der herrschenden Klasse. In seinen Augen reichten die Geständnisse der Angeklagten aus, um ihre Schuld zu dokumentieren. Andere Beweisformen waren für ihn irrelevant, solange die Angeklagten ihre Schuld gestanden. Dass diese Geständnisse sehr oft unter der Folter gemacht wurden, übersah er geflissentlich.

[13] Harald Feller (1913–2003) war der Sohn des berühmten Schweizer Historikers Richard Feller. 1944 wurde er Leiter der Schweizer Gesandtschaft in Budapest. Hier unterstützte er Konsul Carl Lutz bei der Rettung von Juden unter schweizerischem Schutz. Feller arbeitete eng mit den anderen neutralen Gesandtschaften zusammen. Feller schützte Mitglieder der schwedischen Gesandtschaft, welche Zielgruppe der Pfeilkreuzler waren, indem er ihnen gefälschte Schweizer Pässe und Unterkunft bereitstellte. Gegen Ende des Krieges versteckte Feller Dutzende von Juden im Keller seiner konsularischen Residenz in Budapest. Im Februar 1945 verhafteten die Sowjets Feller und schickten ihn nach Moskau. Im Februar 1946 wurde Feller gegen in der Schweiz festgehaltene sowjetische Staatsangehörige ausgetauscht und konnte nach abenteuerlicher Reise zurückkehren. Er erhielt 1999 von Yad Vashem die Auszeichnung «Gerechter unter den Völkern». Nach dem Krieg verliess Feller den diplomatischen Dienst, wurde Bernischer Staatsanwalt und Schauspieler. Bis kurz vor seinem Tod im Dezember 2003 stand er u.a. auf der Bühne des Stadttheaters Bern.

verschleppt worden, wo er ebenso der Spionage verdächtigt wurde. Seinen Verbleib hatten die russischen Behörden gleichfalls erst geleugnet. Doch die Schweizer Diplomatie liess nicht locker, und ein Jahr später wurden Feller und vier weitere Schweizer gegen festgenommene sowjetische Staatsbürger ausgetauscht.

Die Freilassung Wallenbergs scheiterte daran, dass der schwedische Aussenminister Undén einen möglichen Austausch überhaupt nicht in Erwägung zog. Als der deutsche Bundeskanzler Adenauer durch Verhandlungen mit dem Kreml 1955 erreichte, dass die in sowjetischen Lagern festgehaltenen deutschen Soldaten freigelassen wurden, bewog auch dies die schwedischen Behörden nicht zu einem Umdenken. Von ehemaligen Kriegsgefangenen waren allerdings mittlerweile so viele Zeugenaussagen in Stockholm bekannt geworden, dass kaum Zweifel bestanden, dass Wallenberg durchaus noch am Leben sein konnte. Als nach Stalins Tod Chruschtschow an die Macht kam, raffte sich die schwedische Politik noch einmal halbherzig auf, in Sachen Wallenberg bei den Sowjets vorstellig zu werden. 1956 brachte der schwedische Ministerpräsident Tage Erlander den Fall in Moskau aufs Tapet, liess aber die sowjetischen Gastgeber zuvor wissen, dass dies bloss für die schwedische Öffentlichkeit geschehe. Am 6. Februar 1957 übermittelte die sowjetische Regierung ein von Vize-Aussenminister Andrej Gromyko unterzeichnetes Schreiben. Darin behauptete Moskau jetzt, Wallenberg sei am 17. Juli 1947 in seiner Zelle an einem Herzinfarkt gestorben. Das schwedische Aussenministerium gab sich mit dieser Antwort zufrieden.

Hinweise deuten darauf hin, dass Wallenberg noch in den 1960er Jahren am Leben war; ja sogar bis in die 1980er Jahren sind Spuren Wallenbergs auf seinem Gang durch den Archipel Gulag auszumachen. Der ehemalige enge Berater Gorbatschows, Alexander Yakovlev, behauptete im Jahre 2000, Wallenberg sei 1947 im Lubyanka-Gefängnis exekutiert worden. Er berief sich dabei auf eine Bemerkung von Vladimir Kryuchkov, dem früheren Chef der sowjetischen Geheimpolizei.[14] Ob die Wahrheit jemals ans Licht kommt, scheint zweifelhaft. Im Kreml residiert mit Präsident Putin ein KGB-Mann, und die kurze Phase der Offenheit nach dem Ende des Kalten Krieges ist einem zunehmend totalitären Regime

---

[14] Nach dem Putsch gegen Gorbatschow trat 1991 eine russisch–schwedische Untersuchungskommission zusammen, um Wallenbergs Schicksal aufzuklären. Noch vor Ablieferung des Berichts rehabilitierte der russische Generalstaatsanwalt Wladimir Ustinow im Dezember 1999 Wallenberg und stellte dabei fest, die Umstände seines Todes hätten sich nicht ermitteln lassen. Dabei hatte der Leiter der Rehabilitierungskommission, Gorbatschows alter Kampfgefährte Alexander Yakovlew, kurz vorher verkündet, Wallenberg sei von der Geheimpolizei hingerichtet worden. Als Yakowlew 1988 noch Politbüromitglied war, erzählte er dem Atomphysiker Andrej Sacharow, Grund der Verhaftung Wallenbergs sei ein Tauschhandel von Militärfahrzeugen gegen Juden gewesen.

zum Opfer gefallen. Wo heute bereits öffentliche Kritik am Kreml-Herrn mit Gefängnis bedroht wird und allzu unabhängige Journalisten ermordet werden, stehen die Aussichten schlecht, sich aus den Akten des NKWD und des KGB ein Bild der tatsächlichen Vorgänge zu machen. Zudem wurde auf amtliche Anordnung hin in den Akten so viel getäuscht, gelogen, umgeschrieben und vernichtet, dass auch eine Offenlegung sämtlicher erhalten gebliebener Dokumente nicht garantiert, den wahren Sachverhalt herauszufinden.

Dr. Pierre Th. Braunschweig, Historiker und ehemaliger Diplomat, ist Autor des Standardwerkes über den schweizerischen Nachrichtendienst im Zweiten Weltkrieg: «Geheimer Draht nach Berlin» (Verlag NZZ), in erweiterter Fassung erschienen als *Secret Channel to Berlin* (Philadelphia, 2004). Als freischaffender Geschichtswissenschafter arbeitet er für Zeitungen, Zeitschriften, Radio und Fernsehen. Er befasst sich besonders mit dem Bereich Nachrichtendienst und Spionage.